If found, please contact

Name: _____

Company: _____

Phone: _____

Phone: _____

Address: _____

_____

Vehicle Information

Make:

Model:

Year:

VIN:

License Plate:

Vehicle Owner:

Phone:

Address:

Purchase Date: Odometer:

Insurance Company:

Agent:

Phone:

Policy #:

Roadside Assistance:

Phone:

Account #:

Emergency Contact:

Emergency Contact Phone:

Table of Contents

ISBN: 979-8553864361
Imprint: Independently published

© 2020 Leslie DeMendoza
All Rights Reserved. No part of this publication or the information in it may be quoted
or reproduced in any form by means such as printing, scanning, photocopying, or
otherwise without prior written permission or the copyright holder.

Monthly Maintenance Check

Year:	Jan	Feb	Mar	Apr	May	Jun	Jul	Aug	Sep	Oct	Nov	Dec
Headlights High / Low												
Rear Lights Tail/Brake												
Turn Signal Hazard Sig												
Windshield Wipers												
Windshield Wiper Fluid												
Tire Wear Pressure												
Oil Level												
Power Steering Fluid												
Brake Fluid												
Coolant Level												
Air Filter												
Belts												
Hoses												
Transmission Fluid												

Monthly Maintenance Check

Year:	Jan	Feb	Mar	Apr	May	Jun	Jul	Aug	Sep	Oct	Nov	Dec
Headlights High / Low												
Rear Lights Tail/Brake												
Turn Signal Hazard Sig												
Windshield Wipers												
Windshield Wiper Fluid												
Tire Wear Pressure												
Oil Level												
Power Steering Fluid												
Brake Fluid												
Coolant Level												
Air Filter												
Belts												
Hoses												
Transmission Fluid												

Monthly Maintenance Check

Year:	Jan	Feb	Mar	Apr	May	Jun	Jul	Aug	Sep	Oct	Nov	Dec
Headlights High / Low												
Rear Lights Tail/Brake												
Turn Signal Hazard Sig												
Windshield Wipers												
Windshield Wiper Fluid												
Tire Wear Pressure												
Oil Level												
Power Steering Fluid												
Brake Fluid												
Coolant Level												
Air Filter												
Belts												
Hoses												
Transmission Fluid												

Monthly Maintenance Check

Year:	Jan	Feb	Mar	Apr	May	Jun	Jul	Aug	Sep	Oct	Nov	Dec
Headlights High / Low												
Rear Lights Tail/Brake												
Turn Signal Hazard Sig												
Windshield Wipers												
Windshield Wiper Fluid												
Tire Wear Pressure												
Oil Level												
Power Steering Fluid												
Brake Fluid												
Coolant Level												
Air Filter												
Belts												
Hoses												
Transmission Fluid												

Monthly Maintenance Check

Year:	Jan	Feb	Mar	Apr	May	Jun	Jul	Aug	Sep	Oct	Nov	Dec
Headlights High / Low												
Rear Lights Tail/Brake												
Turn Signal Hazard Sig												
Windshield Wipers												
Windshield Wiper Fluid												
Tire Wear Pressure												
Oil Level												
Power Steering Fluid												
Brake Fluid												
Coolant Level												
Air Filter												
Belts												
Hoses												
Transmission Fluid												

YEARLY MILEAGE

Year:	Odometer Month Start	Odometer Month End	Total Miles for Month
Jan			
Feb			
Mar			
Apr			
May			
Jun			
Jul			
Aug			
Sep			
Oct			
Nov			
Dec			
Year Total			

YEARLY MILEAGE

Year:	Odometer Month Start	Odometer Month End	Total Miles for Month
Jan			
Feb			
Mar			
Apr			
May			
Jun			
Jul			
Aug			
Sep			
Oct			
Nov			
Dec			
Year Total			

YEARLY MILEAGE

Year:	Odometer Month Start	Odometer Month End	Total Miles for Month
Jan			
Feb			
Mar			
Apr			
May			
Jun			
Jul			
Aug			
Sep			
Oct			
Nov			
Dec			
Year Total			

YEARLY MILEAGE

Year:	Odometer Month Start	Odometer Month End	Total Miles for Month
Jan			
Feb			
Mar			
Apr			
May			
Jun			
Jul			
Aug			
Sep			
Oct			
Nov			
Dec			
Year Total			

YEARLY MILEAGE

Year:	Odometer Month Start	Odometer Month End	Total Miles for Month
Jan			
Feb			
Mar			
Apr			
May			
Jun			
Jul			
Aug			
Sep			
Oct			
Nov			
Dec			
Year Total			

FUEL LOG

Date	Fuel Amount	Cost	Odometer

FUEL LOG

Date	Fuel Amount	Cost	Odometer

FUEL LOG

Date	Fuel Amount	Cost	Odometer

FUEL LOG

Date	Fuel Amount	Cost	Odometer

FUEL LOG

Date	Fuel Amount	Cost	Odometer

FUEL LOG

Date	Fuel Amount	Cost	Odometer

FUEL LOG

Date	Fuel Amount	Cost	Odometer

FUEL LOG

Date	Fuel Amount	Cost	Odometer

FUEL LOG

Date	Fuel Amount	Cost	Odometer

FUEL LOG

Date	Fuel Amount	Cost	Odometer

FUEL LOG

Date	Fuel Amount	Cost	Odometer

FUEL LOG

Date	Fuel Amount	Cost	Odometer

NOTES

MILEAGE LOG

		TOTAL
Date:	Time:	
Destination:		
Purpose:		
Tolls:	Parking:	
Odometer Start:	Odometer Stop:	

		TOTAL
Date:	Time:	
Destination:		
Purpose:		
Tolls:	Parking:	
Odometer Start:	Odometer Stop:	

		TOTAL
Date:	Time:	
Destination:		
Purpose:		
Tolls:	Parking:	
Odometer Start:	Odometer Stop:	

		TOTAL
Date:	Time:	
Destination:		
Purpose:		
Tolls:	Parking:	
Odometer Start:	Odometer Stop:	

		TOTAL
Date:	Time:	
Destination:		
Purpose:		
Tolls:	Parking:	
Odometer Start:	Odometer Stop:	

PAGE TOTAL

Tolls:	Parking:	Mileage:

NOTES

MILEAGE LOG		
Date:	Time:	**TOTAL**
Destination:		
Purpose:		
Tolls:	Parking:	
Odometer Start:	Odometer Stop:	
Date:	Time:	**TOTAL**
Destination:		
Purpose:		
Tolls:	Parking:	
Odometer Start:	Odometer Stop:	
Date:	Time:	**TOTAL**
Destination:		
Purpose:		
Tolls:	Parking:	
Odometer Start:	Odometer Stop:	
Date:	Time:	**TOTAL**
Destination:		
Purpose:		
Tolls:	Parking:	
Odometer Start:	Odometer Stop:	
Date:	Time:	**TOTAL**
Destination:		
Purpose:		
Tolls:	Parking:	
Odometer Start:	Odometer Stop:	

PAGE TOTAL		
Tolls:	Parking:	Mileage:

NOTES

MILEAGE LOG

Date:	Time:	
Destination:		*TOTAL*
Purpose:		
Tolls:	Parking:	
Odometer Start:	Odometer Stop:	

Date:	Time:	
Destination:		*TOTAL*
Purpose:		
Tolls:	Parking:	
Odometer Start:	Odometer Stop:	

Date:	Time:	
Destination:		*TOTAL*
Purpose:		
Tolls:	Parking:	
Odometer Start:	Odometer Stop:	

Date:	Time:	
Destination:		*TOTAL*
Purpose:		
Tolls:	Parking:	
Odometer Start:	Odometer Stop:	

Date:	Time:	
Destination:		*TOTAL*
Purpose:		
Tolls:	Parking:	
Odometer Start:	Odometer Stop:	

PAGE TOTAL		
Tolls:	Parking:	Mileage:

31

NOTES

MILEAGE LOG

Date:	Time:	
Destination:		***TOTAL***
Purpose:		
Tolls:	Parking:	
Odometer Start:	Odometer Stop:	

Date:	Time:	
Destination:		***TOTAL***
Purpose:		
Tolls:	Parking:	
Odometer Start:	Odometer Stop:	

Date:	Time:	
Destination:		***TOTAL***
Purpose:		
Tolls:	Parking:	
Odometer Start:	Odometer Stop:	

Date:	Time:	
Destination:		***TOTAL***
Purpose:		
Tolls:	Parking:	
Odometer Start:	Odometer Stop:	

Date:	Time:	
Destination:		***TOTAL***
Purpose:		
Tolls:	Parking:	
Odometer Start:	Odometer Stop:	

PAGE TOTAL

Tolls:	Parking:	Mileage:

NOTES

MILEAGE LOG

Date:	Time:	**TOTAL**
Destination:		
Purpose:		
Tolls:	Parking:	
Odometer Start:	Odometer Stop:	

Date:	Time:	**TOTAL**
Destination:		
Purpose:		
Tolls:	Parking:	
Odometer Start:	Odometer Stop:	

Date:	Time:	**TOTAL**
Destination:		
Purpose:		
Tolls:	Parking:	
Odometer Start:	Odometer Stop:	

Date:	Time:	**TOTAL**
Destination:		
Purpose:		
Tolls:	Parking:	
Odometer Start:	Odometer Stop:	

Date:	Time:	**TOTAL**
Destination:		
Purpose:		
Tolls:	Parking:	
Odometer Start:	Odometer Stop:	

PAGE TOTAL

Tolls:	Parking:	Mileage:

NOTES

MILEAGE LOG		
Date:	Time:	**TOTAL**
Destination:		
Purpose:		
Tolls:	Parking:	
Odometer Start:	Odometer Stop:	
Date:	Time:	**TOTAL**
Destination:		
Purpose:		
Tolls:	Parking:	
Odometer Start:	Odometer Stop:	
Date:	Time:	**TOTAL**
Destination:		
Purpose:		
Tolls:	Parking:	
Odometer Start:	Odometer Stop:	
Date:	Time:	**TOTAL**
Destination:		
Purpose:		
Tolls:	Parking:	
Odometer Start:	Odometer Stop:	
Date:	Time:	**TOTAL**
Destination:		
Purpose:		
Tolls:	Parking:	
Odometer Start:	Odometer Stop:	

PAGE TOTAL		
Tolls:	Parking:	Mileage:

MILEAGE LOG

Date:	Time:	TOTAL
Destination:		
Purpose:		
Tolls:	Parking:	
Odometer Start:	Odometer Stop:	

Date:	Time:	TOTAL
Destination:		
Purpose:		
Tolls:	Parking:	
Odometer Start:	Odometer Stop:	

Date:	Time:	TOTAL
Destination:		
Purpose:		
Tolls:	Parking:	
Odometer Start:	Odometer Stop:	

Date:	Time:	TOTAL
Destination:		
Purpose:		
Tolls:	Parking:	
Odometer Start:	Odometer Stop:	

Date:	Time:	TOTAL
Destination:		
Purpose:		
Tolls:	Parking:	
Odometer Start:	Odometer Stop:	

PAGE TOTAL

Tolls:	Parking:	Mileage:

NOTES

MILEAGE LOG

Date:	Time:	TOTAL
Destination:		
Purpose:		
Tolls:	Parking:	
Odometer Start:	Odometer Stop:	

Date:	Time:	TOTAL
Destination:		
Purpose:		
Tolls:	Parking:	
Odometer Start:	Odometer Stop:	

Date:	Time:	TOTAL
Destination:		
Purpose:		
Tolls:	Parking:	
Odometer Start:	Odometer Stop:	

Date:	Time:	TOTAL
Destination:		
Purpose:		
Tolls:	Parking:	
Odometer Start:	Odometer Stop:	

Date:	Time:	TOTAL
Destination:		
Purpose:		
Tolls:	Parking:	
Odometer Start:	Odometer Stop:	

PAGE TOTAL

Tolls:	Parking:	Mileage:

NOTES

MILEAGE LOG

		TOTAL
Date:	Time:	
Destination:		
Purpose:		
Tolls:	Parking:	
Odometer Start:	Odometer Stop:	

		TOTAL
Date:	Time:	
Destination:		
Purpose:		
Tolls:	Parking:	
Odometer Start:	Odometer Stop:	

		TOTAL
Date:	Time:	
Destination:		
Purpose:		
Tolls:	Parking:	
Odometer Start:	Odometer Stop:	

		TOTAL
Date:	Time:	
Destination:		
Purpose:		
Tolls:	Parking:	
Odometer Start:	Odometer Stop:	

		TOTAL
Date:	Time:	
Destination:		
Purpose:		
Tolls:	Parking:	
Odometer Start:	Odometer Stop:	

PAGE TOTAL

Tolls:	Parking:	Mileage:

NOTES

MILEAGE LOG		
Date:	Time:	**TOTAL**
Destination:		
Purpose:		
Tolls:	Parking:	
Odometer Start:	Odometer Stop:	
Date:	Time:	**TOTAL**
Destination:		
Purpose:		
Tolls:	Parking:	
Odometer Start:	Odometer Stop:	
Date:	Time:	**TOTAL**
Destination:		
Purpose:		
Tolls:	Parking:	
Odometer Start:	Odometer Stop:	
Date:	Time:	**TOTAL**
Destination:		
Purpose:		
Tolls:	Parking:	
Odometer Start:	Odometer Stop:	
Date:	Time:	**TOTAL**
Destination:		
Purpose:		
Tolls:	Parking:	
Odometer Start:	Odometer Stop:	
PAGE TOTAL		
Tolls:	Parking:	Mileage:

MILEAGE LOG		
Date:	Time:	**TOTAL**
Destination:		
Purpose:		
Tolls:	Parking:	
Odometer Start:	Odometer Stop:	
Date:	Time:	**TOTAL**
Destination:		
Purpose:		
Tolls:	Parking:	
Odometer Start:	Odometer Stop:	
Date:	Time:	**TOTAL**
Destination:		
Purpose:		
Tolls:	Parking:	
Odometer Start:	Odometer Stop:	
Date:	Time:	**TOTAL**
Destination:		
Purpose:		
Tolls:	Parking:	
Odometer Start:	Odometer Stop:	
Date:	Time:	**TOTAL**
Destination:		
Purpose:		
Tolls:	Parking:	
Odometer Start:	Odometer Stop:	

PAGE TOTAL		
Tolls:	Parking:	Mileage:

MILEAGE LOG

Date:	Time:	**TOTAL**
Destination:		
Purpose:		
Tolls:	Parking:	
Odometer Start:	Odometer Stop:	

Date:	Time:	**TOTAL**
Destination:		
Purpose:		
Tolls:	Parking:	
Odometer Start:	Odometer Stop:	

Date:	Time:	**TOTAL**
Destination:		
Purpose:		
Tolls:	Parking:	
Odometer Start:	Odometer Stop:	

Date:	Time:	**TOTAL**
Destination:		
Purpose:		
Tolls:	Parking:	
Odometer Start:	Odometer Stop:	

Date:	Time:	**TOTAL**
Destination:		
Purpose:		
Tolls:	Parking:	
Odometer Start:	Odometer Stop:	

PAGE TOTAL

Tolls:	Parking:	Mileage:

NOTES

MILEAGE LOG		
Date:	Time:	**TOTAL**
Destination:		
Purpose:		
Tolls:	Parking:	
Odometer Start:	Odometer Stop:	
Date:	Time:	**TOTAL**
Destination:		
Purpose:		
Tolls:	Parking:	
Odometer Start:	Odometer Stop:	
Date:	Time:	**TOTAL**
Destination:		
Purpose:		
Tolls:	Parking:	
Odometer Start:	Odometer Stop:	
Date:	Time:	**TOTAL**
Destination:		
Purpose:		
Tolls:	Parking:	
Odometer Start:	Odometer Stop:	
Date:	Time:	**TOTAL**
Destination:		
Purpose:		
Tolls:	Parking:	
Odometer Start:	Odometer Stop:	

PAGE TOTAL		
Tolls:	Parking:	Mileage:

NOTES

MILEAGE LOG

Date:	Time:	
Destination:		**TOTAL**
Purpose:		
Tolls:	Parking:	
Odometer Start:	Odometer Stop:	

Date:	Time:	
Destination:		**TOTAL**
Purpose:		
Tolls:	Parking:	
Odometer Start:	Odometer Stop:	

Date:	Time:	
Destination:		**TOTAL**
Purpose:		
Tolls:	Parking:	
Odometer Start:	Odometer Stop:	

Date:	Time:	
Destination:		**TOTAL**
Purpose:		
Tolls:	Parking:	
Odometer Start:	Odometer Stop:	

Date:	Time:	
Destination:		**TOTAL**
Purpose:		
Tolls:	Parking:	
Odometer Start:	Odometer Stop:	

PAGE TOTAL

Tolls:	Parking:	Mileage:

NOTES

MILEAGE LOG

Date:	Time:	**TOTAL**
Destination:		
Purpose:		
Tolls:	Parking:	
Odometer Start:	Odometer Stop:	

Date:	Time:	**TOTAL**
Destination:		
Purpose:		
Tolls:	Parking:	
Odometer Start:	Odometer Stop:	

Date:	Time:	**TOTAL**
Destination:		
Purpose:		
Tolls:	Parking:	
Odometer Start:	Odometer Stop:	

Date:	Time:	**TOTAL**
Destination:		
Purpose:		
Tolls:	Parking:	
Odometer Start:	Odometer Stop:	

Date:	Time:	**TOTAL**
Destination:		
Purpose:		
Tolls:	Parking:	
Odometer Start:	Odometer Stop:	

PAGE TOTAL

Tolls:	Parking:	Mileage:

NOTES

MILEAGE LOG

Date:	Time:	TOTAL
Destination:		
Purpose:		
Tolls:	Parking:	
Odometer Start:	Odometer Stop:	

Date:	Time:	TOTAL
Destination:		
Purpose:		
Tolls:	Parking:	
Odometer Start:	Odometer Stop:	

Date:	Time:	TOTAL
Destination:		
Purpose:		
Tolls:	Parking:	
Odometer Start:	Odometer Stop:	

Date:	Time:	TOTAL
Destination:		
Purpose:		
Tolls:	Parking:	
Odometer Start:	Odometer Stop:	

Date:	Time:	TOTAL
Destination:		
Purpose:		
Tolls:	Parking:	
Odometer Start:	Odometer Stop:	

PAGE TOTAL

Tolls:	Parking:	Mileage:

NOTES

MILEAGE LOG		
Date:	Time:	**TOTAL**
Destination:		
Purpose:		
Tolls:	Parking:	
Odometer Start:	Odometer Stop:	
Date:	Time:	**TOTAL**
Destination:		
Purpose:		
Tolls:	Parking:	
Odometer Start:	Odometer Stop:	
Date:	Time:	**TOTAL**
Destination:		
Purpose:		
Tolls:	Parking:	
Odometer Start:	Odometer Stop:	
Date:	Time:	**TOTAL**
Destination:		
Purpose:		
Tolls:	Parking:	
Odometer Start:	Odometer Stop:	
Date:	Time:	**TOTAL**
Destination:		
Purpose:		
Tolls:	Parking:	
Odometer Start:	Odometer Stop:	

PAGE TOTAL		
Tolls:	Parking:	Mileage:

NOTES

MILEAGE LOG		
Date:	Time:	**TOTAL**
Destination:		
Purpose:		
Tolls:	Parking:	
Odometer Start:	Odometer Stop:	
Date:	Time:	**TOTAL**
Destination:		
Purpose:		
Tolls:	Parking:	
Odometer Start:	Odometer Stop:	
Date:	Time:	**TOTAL**
Destination:		
Purpose:		
Tolls:	Parking:	
Odometer Start:	Odometer Stop:	
Date:	Time:	**TOTAL**
Destination:		
Purpose:		
Tolls:	Parking:	
Odometer Start:	Odometer Stop:	
Date:	Time:	**TOTAL**
Destination:		
Purpose:		
Tolls:	Parking:	
Odometer Start:	Odometer Stop:	

PAGE TOTAL		
Tolls:	Parking:	Mileage:

NOTES

MILEAGE LOG

Date:	Time:	
Destination:		**TOTAL**
Purpose:		
Tolls:	Parking:	
Odometer Start:	Odometer Stop:	

Date:	Time:	
Destination:		**TOTAL**
Purpose:		
Tolls:	Parking:	
Odometer Start:	Odometer Stop:	

Date:	Time:	
Destination:		**TOTAL**
Purpose:		
Tolls:	Parking:	
Odometer Start:	Odometer Stop:	

Date:	Time:	
Destination:		**TOTAL**
Purpose:		
Tolls:	Parking:	
Odometer Start:	Odometer Stop:	

Date:	Time:	
Destination:		**TOTAL**
Purpose:		
Tolls:	Parking:	
Odometer Start:	Odometer Stop:	

PAGE TOTAL

Tolls:	Parking:	Mileage:

NOTES

MILEAGE LOG

Date:	Time:	**TOTAL**
Destination:		
Purpose:		
Tolls:	Parking:	
Odometer Start:	Odometer Stop:	

Date:	Time:	**TOTAL**
Destination:		
Purpose:		
Tolls:	Parking:	
Odometer Start:	Odometer Stop:	

Date:	Time:	**TOTAL**
Destination:		
Purpose:		
Tolls:	Parking:	
Odometer Start:	Odometer Stop:	

Date:	Time:	**TOTAL**
Destination:		
Purpose:		
Tolls:	Parking:	
Odometer Start:	Odometer Stop:	

Date:	Time:	**TOTAL**
Destination:		
Purpose:		
Tolls:	Parking:	
Odometer Start:	Odometer Stop:	

PAGE TOTAL

Tolls:	Parking:	Mileage:

MILEAGE LOG		
Date:	Time:	**TOTAL**
Destination:		
Purpose:		
Tolls:	Parking:	
Odometer Start:	Odometer Stop:	
Date:	Time:	**TOTAL**
Destination:		
Purpose:		
Tolls:	Parking:	
Odometer Start:	Odometer Stop:	
Date:	Time:	**TOTAL**
Destination:		
Purpose:		
Tolls:	Parking:	
Odometer Start:	Odometer Stop:	
Date:	Time:	**TOTAL**
Destination:		
Purpose:		
Tolls:	Parking:	
Odometer Start:	Odometer Stop:	
Date:	Time:	**TOTAL**
Destination:		
Purpose:		
Tolls:	Parking:	
Odometer Start:	Odometer Stop:	

PAGE TOTAL		
Tolls:	Parking:	Mileage:

NOTES

MILEAGE LOG

Date:	Time:	**TOTAL**
Destination:		
Purpose:		
Tolls:	Parking:	
Odometer Start:	Odometer Stop:	

Date:	Time:	**TOTAL**
Destination:		
Purpose:		
Tolls:	Parking:	
Odometer Start:	Odometer Stop:	

Date:	Time:	**TOTAL**
Destination:		
Purpose:		
Tolls:	Parking:	
Odometer Start:	Odometer Stop:	

Date:	Time:	**TOTAL**
Destination:		
Purpose:		
Tolls:	Parking:	
Odometer Start:	Odometer Stop:	

Date:	Time:	**TOTAL**
Destination:		
Purpose:		
Tolls:	Parking:	
Odometer Start:	Odometer Stop:	

PAGE TOTAL

Tolls:	Parking:	Mileage:

NOTES

MILEAGE LOG

Date:	Time:	**TOTAL**
Destination:		
Purpose:		
Tolls:	Parking:	
Odometer Start:	Odometer Stop:	

Date:	Time:	**TOTAL**
Destination:		
Purpose:		
Tolls:	Parking:	
Odometer Start:	Odometer Stop:	

Date:	Time:	**TOTAL**
Destination:		
Purpose:		
Tolls:	Parking:	
Odometer Start:	Odometer Stop:	

Date:	Time:	**TOTAL**
Destination:		
Purpose:		
Tolls:	Parking:	
Odometer Start:	Odometer Stop:	

Date:	Time:	**TOTAL**
Destination:		
Purpose:		
Tolls:	Parking:	
Odometer Start:	Odometer Stop:	

PAGE TOTAL		
Tolls:	Parking:	Mileage:

NOTES

MILEAGE LOG

Date:	Time:	
Destination:		**TOTAL**
Purpose:		
Tolls:	Parking:	
Odometer Start:	Odometer Stop:	

Date:	Time:	
Destination:		**TOTAL**
Purpose:		
Tolls:	Parking:	
Odometer Start:	Odometer Stop:	

Date:	Time:	
Destination:		**TOTAL**
Purpose:		
Tolls:	Parking:	
Odometer Start:	Odometer Stop:	

Date:	Time:	
Destination:		**TOTAL**
Purpose:		
Tolls:	Parking:	
Odometer Start:	Odometer Stop:	

Date:	Time:	
Destination:		**TOTAL**
Purpose:		
Tolls:	Parking:	
Odometer Start:	Odometer Stop:	

PAGE TOTAL

Tolls:	Parking:	Mileage:

MILEAGE LOG

Date:	Time:	**TOTAL**
Destination:		
Purpose:		
Tolls:	Parking:	
Odometer Start:	Odometer Stop:	

Date:	Time:	**TOTAL**
Destination:		
Purpose:		
Tolls:	Parking:	
Odometer Start:	Odometer Stop:	

Date:	Time:	**TOTAL**
Destination:		
Purpose:		
Tolls:	Parking:	
Odometer Start:	Odometer Stop:	

Date:	Time:	**TOTAL**
Destination:		
Purpose:		
Tolls:	Parking:	
Odometer Start:	Odometer Stop:	

Date:	Time:	**TOTAL**
Destination:		
Purpose:		
Tolls:	Parking:	
Odometer Start:	Odometer Stop:	

PAGE TOTAL

Tolls:	Parking:	Mileage:

NOTES

MILEAGE LOG

Date:	Time:	TOTAL
Destination:		
Purpose:		
Tolls:	Parking:	
Odometer Start:	Odometer Stop:	

Date:	Time:	TOTAL
Destination:		
Purpose:		
Tolls:	Parking:	
Odometer Start:	Odometer Stop:	

Date:	Time:	TOTAL
Destination:		
Purpose:		
Tolls:	Parking:	
Odometer Start:	Odometer Stop:	

Date:	Time:	TOTAL
Destination:		
Purpose:		
Tolls:	Parking:	
Odometer Start:	Odometer Stop:	

Date:	Time:	TOTAL
Destination:		
Purpose:		
Tolls:	Parking:	
Odometer Start:	Odometer Stop:	

PAGE TOTAL

Tolls:	Parking:	Mileage:

NOTES

MILEAGE LOG

Date:	Time:	TOTAL
Destination:		
Purpose:		
Tolls:	Parking:	
Odometer Start:	Odometer Stop:	

Date:	Time:	TOTAL
Destination:		
Purpose:		
Tolls:	Parking:	
Odometer Start:	Odometer Stop:	

Date:	Time:	TOTAL
Destination:		
Purpose:		
Tolls:	Parking:	
Odometer Start:	Odometer Stop:	

Date:	Time:	TOTAL
Destination:		
Purpose:		
Tolls:	Parking:	
Odometer Start:	Odometer Stop:	

Date:	Time:	TOTAL
Destination:		
Purpose:		
Tolls:	Parking:	
Odometer Start:	Odometer Stop:	

PAGE TOTAL

Tolls:	Parking:	Mileage:

NOTES

MILEAGE LOG

Date:	Time:	**TOTAL**
Destination:		
Purpose:		
Tolls:	Parking:	
Odometer Start:	Odometer Stop:	

Date:	Time:	**TOTAL**
Destination:		
Purpose:		
Tolls:	Parking:	
Odometer Start:	Odometer Stop:	

Date:	Time:	**TOTAL**
Destination:		
Purpose:		
Tolls:	Parking:	
Odometer Start:	Odometer Stop:	

Date:	Time:	**TOTAL**
Destination:		
Purpose:		
Tolls:	Parking:	
Odometer Start:	Odometer Stop:	

Date:	Time:	**TOTAL**
Destination:		
Purpose:		
Tolls:	Parking:	
Odometer Start:	Odometer Stop:	

PAGE TOTAL

Tolls:	Parking:	Mileage:

NOTES

MILEAGE LOG

Date:	Time:	**TOTAL**
Destination:		
Purpose:		
Tolls:	Parking:	
Odometer Start:	Odometer Stop:	

Date:	Time:	**TOTAL**
Destination:		
Purpose:		
Tolls:	Parking:	
Odometer Start:	Odometer Stop:	

Date:	Time:	**TOTAL**
Destination:		
Purpose:		
Tolls:	Parking:	
Odometer Start:	Odometer Stop:	

Date:	Time:	**TOTAL**
Destination:		
Purpose:		
Tolls:	Parking:	
Odometer Start:	Odometer Stop:	

Date:	Time:	**TOTAL**
Destination:		
Purpose:		
Tolls:	Parking:	
Odometer Start:	Odometer Stop:	

PAGE TOTAL

Tolls:	Parking:	Mileage:

NOTES

MILEAGE LOG

Date:	Time:	TOTAL
Destination:		
Purpose:		
Tolls:	Parking:	
Odometer Start:	Odometer Stop:	

Date:	Time:	TOTAL
Destination:		
Purpose:		
Tolls:	Parking:	
Odometer Start:	Odometer Stop:	

Date:	Time:	TOTAL
Destination:		
Purpose:		
Tolls:	Parking:	
Odometer Start:	Odometer Stop:	

Date:	Time:	TOTAL
Destination:		
Purpose:		
Tolls:	Parking:	
Odometer Start:	Odometer Stop:	

Date:	Time:	TOTAL
Destination:		
Purpose:		
Tolls:	Parking:	
Odometer Start:	Odometer Stop:	

PAGE TOTAL

Tolls:	Parking:	Mileage:

NOTES

MILEAGE LOG		
Date:	Time:	**TOTAL**
Destination:		
Purpose:		
Tolls:	Parking:	
Odometer Start:	Odometer Stop:	
Date:	Time:	**TOTAL**
Destination:		
Purpose:		
Tolls:	Parking:	
Odometer Start:	Odometer Stop:	
Date:	Time:	**TOTAL**
Destination:		
Purpose:		
Tolls:	Parking:	
Odometer Start:	Odometer Stop:	
Date:	Time:	**TOTAL**
Destination:		
Purpose:		
Tolls:	Parking:	
Odometer Start:	Odometer Stop:	
Date:	Time:	**TOTAL**
Destination:		
Purpose:		
Tolls:	Parking:	
Odometer Start:	Odometer Stop:	

PAGE TOTAL		
Tolls:	Parking:	Mileage:

NOTES

MILEAGE LOG		
Date:	Time:	**TOTAL**
Destination:		
Purpose:		
Tolls:	Parking:	
Odometer Start:	Odometer Stop:	
Date:	Time:	**TOTAL**
Destination:		
Purpose:		
Tolls:	Parking:	
Odometer Start:	Odometer Stop:	
Date:	Time:	**TOTAL**
Destination:		
Purpose:		
Tolls:	Parking:	
Odometer Start:	Odometer Stop:	
Date:	Time:	**TOTAL**
Destination:		
Purpose:		
Tolls:	Parking:	
Odometer Start:	Odometer Stop:	
Date:	Time:	**TOTAL**
Destination:		
Purpose:		
Tolls:	Parking:	
Odometer Start:	Odometer Stop:	
PAGE TOTAL		
Tolls:	Parking:	Mileage:

NOTES

MILEAGE LOG		
Date:	Time:	**TOTAL**
Destination:		
Purpose:		
Tolls:	Parking:	
Odometer Start:	Odometer Stop:	
Date:	Time:	**TOTAL**
Destination:		
Purpose:		
Tolls:	Parking:	
Odometer Start:	Odometer Stop:	
Date:	Time:	**TOTAL**
Destination:		
Purpose:		
Tolls:	Parking:	
Odometer Start:	Odometer Stop:	
Date:	Time:	**TOTAL**
Destination:		
Purpose:		
Tolls:	Parking:	
Odometer Start:	Odometer Stop:	
Date:	Time:	**TOTAL**
Destination:		
Purpose:		
Tolls:	Parking:	
Odometer Start:	Odometer Stop:	

PAGE TOTAL		
Tolls:	Parking:	Mileage:

NOTES

MILEAGE LOG

Date:	Time:	**TOTAL**
Destination:		
Purpose:		
Tolls:	Parking:	
Odometer Start:	Odometer Stop:	

Date:	Time:	**TOTAL**
Destination:		
Purpose:		
Tolls:	Parking:	
Odometer Start:	Odometer Stop:	

Date:	Time:	**TOTAL**
Destination:		
Purpose:		
Tolls:	Parking:	
Odometer Start:	Odometer Stop:	

Date:	Time:	**TOTAL**
Destination:		
Purpose:		
Tolls:	Parking:	
Odometer Start:	Odometer Stop:	

Date:	Time:	**TOTAL**
Destination:		
Purpose:		
Tolls:	Parking:	
Odometer Start:	Odometer Stop:	

PAGE TOTAL

Tolls:	Parking:	Mileage:

NOTES

MILEAGE LOG		
Date:	Time:	**TOTAL**
Destination:		
Purpose:		
Tolls:	Parking:	
Odometer Start:	Odometer Stop:	
Date:	Time:	**TOTAL**
Destination:		
Purpose:		
Tolls:	Parking:	
Odometer Start:	Odometer Stop:	
Date:	Time:	**TOTAL**
Destination:		
Purpose:		
Tolls:	Parking:	
Odometer Start:	Odometer Stop:	
Date:	Time:	**TOTAL**
Destination:		
Purpose:		
Tolls:	Parking:	
Odometer Start:	Odometer Stop:	
Date:	Time:	**TOTAL**
Destination:		
Purpose:		
Tolls:	Parking:	
Odometer Start:	Odometer Stop:	
PAGE TOTAL		
Tolls:	Parking:	Mileage:

NOTES

MILEAGE LOG

Date:	Time:	**TOTAL**
Destination:		
Purpose:		
Tolls:	Parking:	
Odometer Start:	Odometer Stop:	

Date:	Time:	**TOTAL**
Destination:		
Purpose:		
Tolls:	Parking:	
Odometer Start:	Odometer Stop:	

Date:	Time:	**TOTAL**
Destination:		
Purpose:		
Tolls:	Parking:	
Odometer Start:	Odometer Stop:	

Date:	Time:	**TOTAL**
Destination:		
Purpose:		
Tolls:	Parking:	
Odometer Start:	Odometer Stop:	

Date:	Time:	**TOTAL**
Destination:		
Purpose:		
Tolls:	Parking:	
Odometer Start:	Odometer Stop:	

PAGE TOTAL

Tolls:	Parking:	Mileage:

NOTES

MILEAGE LOG		
Date:	Time:	**TOTAL**
Destination:		
Purpose:		
Tolls:	Parking:	
Odometer Start:	Odometer Stop:	
Date:	Time:	**TOTAL**
Destination:		
Purpose:		
Tolls:	Parking:	
Odometer Start:	Odometer Stop:	
Date:	Time:	**TOTAL**
Destination:		
Purpose:		
Tolls:	Parking:	
Odometer Start:	Odometer Stop:	
Date:	Time:	**TOTAL**
Destination:		
Purpose:		
Tolls:	Parking:	
Odometer Start:	Odometer Stop:	
Date:	Time:	**TOTAL**
Destination:		
Purpose:		
Tolls:	Parking:	
Odometer Start:	Odometer Stop:	

PAGE TOTAL		
Tolls:	Parking:	Mileage:

MILEAGE LOG

Date:	Time:	**TOTAL**
Destination:		
Purpose:		
Tolls:	Parking:	
Odometer Start:	Odometer Stop:	

Date:	Time:	**TOTAL**
Destination:		
Purpose:		
Tolls:	Parking:	
Odometer Start:	Odometer Stop:	

Date:	Time:	**TOTAL**
Destination:		
Purpose:		
Tolls:	Parking:	
Odometer Start:	Odometer Stop:	

Date:	Time:	**TOTAL**
Destination:		
Purpose:		
Tolls:	Parking:	
Odometer Start:	Odometer Stop:	

Date:	Time:	**TOTAL**
Destination:		
Purpose:		
Tolls:	Parking:	
Odometer Start:	Odometer Stop:	

PAGE TOTAL

Tolls:	Parking:	Mileage:

MILEAGE LOG		
Date:	Time:	**TOTAL**
Destination:		
Purpose:		
Tolls:	Parking:	
Odometer Start:	Odometer Stop:	
Date:	Time:	**TOTAL**
Destination:		
Purpose:		
Tolls:	Parking:	
Odometer Start:	Odometer Stop:	
Date:	Time:	**TOTAL**
Destination:		
Purpose:		
Tolls:	Parking:	
Odometer Start:	Odometer Stop:	
Date:	Time:	**TOTAL**
Destination:		
Purpose:		
Tolls:	Parking:	
Odometer Start:	Odometer Stop:	
Date:	Time:	**TOTAL**
Destination:		
Purpose:		
Tolls:	Parking:	
Odometer Start:	Odometer Stop:	
PAGE TOTAL		
Tolls:	Parking:	Mileage:

MILEAGE LOG

Date:	Time:	**TOTAL**
Destination:		
Purpose:		
Tolls:	Parking:	
Odometer Start:	Odometer Stop:	

Date:	Time:	**TOTAL**
Destination:		
Purpose:		
Tolls:	Parking:	
Odometer Start:	Odometer Stop:	

Date:	Time:	**TOTAL**
Destination:		
Purpose:		
Tolls:	Parking:	
Odometer Start:	Odometer Stop:	

Date:	Time:	**TOTAL**
Destination:		
Purpose:		
Tolls:	Parking:	
Odometer Start:	Odometer Stop:	

Date:	Time:	**TOTAL**
Destination:		
Purpose:		
Tolls:	Parking:	
Odometer Start:	Odometer Stop:	

PAGE TOTAL

Tolls:	Parking:	Mileage:

NOTES

SERVICE / REPAIR LOG

Date:	Time:
Service/Repair:	
Serviced By:	
Odometer:	
Parts $:	Total Repair $:

Date:	Time:
Service/Repair:	
Serviced By:	
Odometer:	
Parts $:	Total Repair $:

Date:	Time:
Service/Repair:	
Serviced By:	
Odometer:	
Parts $:	Total Repair $:

SERVICE / REPAIR LOG

Date:	Time:
Service/Repair:	
Serviced By:	
Odometer:	
Parts $:	Total Repair $:

Date:	Time:
Service/Repair:	
Serviced By:	
Odometer:	
Parts $:	Total Repair $:

Date:	Time:
Service/Repair:	
Serviced By:	
Odometer:	
Parts $:	Total Repair $:

SERVICE / REPAIR LOG

Date:	Time:
Service/Repair:	
Serviced By:	
Odometer:	
Parts $:	Total Repair $:

Date:	Time:
Service/Repair:	
Serviced By:	
Odometer:	
Parts $:	Total Repair $:

Date:	Time:
Service/Repair:	
Serviced By:	
Odometer:	
Parts $:	Total Repair $:

SERVICE / REPAIR LOG

Date:	Time:
Service/Repair:	
Serviced By:	
Odometer:	
Parts $:	Total Repair $:

Date:	Time:
Service/Repair:	
Serviced By:	
Odometer:	
Parts $:	Total Repair $:

Date:	Time:
Service/Repair:	
Serviced By:	
Odometer:	
Parts $:	Total Repair $:

NOTES

SERVICE / REPAIR LOG

Date:	Time:
Service/Repair:	
Serviced By:	
Odometer:	
Parts $:	Total Repair $:

Date:	Time:
Service/Repair:	
Serviced By:	
Odometer:	
Parts $:	Total Repair $:

Date:	Time:
Service/Repair:	
Serviced By:	
Odometer:	
Parts $:	Total Repair $:

NOTES

SERVICE / REPAIR LOG

Date:	Time:
Service/Repair:	
Serviced By:	
Odometer:	
Parts $:	Total Repair $:

Date:	Time:
Service/Repair:	
Serviced By:	
Odometer:	
Parts $:	Total Repair $:

Date:	Time:
Service/Repair:	
Serviced By:	
Odometer:	
Parts $:	Total Repair $:

NOTES

SERVICE / REPAIR LOG

Date:	Time:
Service/Repair:	
Serviced By:	
Odometer:	
Parts $:	Total Repair $:

Date:	Time:
Service/Repair:	
Serviced By:	
Odometer:	
Parts $:	Total Repair $:

Date:	Time:
Service/Repair:	
Serviced By:	
Odometer:	
Parts $:	Total Repair $:

NOTES

SERVICE / REPAIR LOG

Date:	Time:
Service/Repair:	
Serviced By:	
Odometer:	
Parts $:	Total Repair $:

Date:	Time:
Service/Repair:	
Serviced By:	
Odometer:	
Parts $:	Total Repair $:

Date:	Time:
Service/Repair:	
Serviced By:	
Odometer:	
Parts $:	Total Repair $:

NOTES

Made in the USA
Columbia, SC
30 November 2022

72375527R00067